Scharll Fußgymnastik mit Kindern

Martha Scharll †

Fußgymnastik mit Kindern

Geleitwort von Prof. Dr. Dr. Georg Hohmann †

TRIAS THIEME HIPPOKRATES ENKE

Zeichnungen:
Friedrich Hartmann, Stuttgart

Umschlaggestaltung und Konzeption der Typographie:
B. und H. P. Willberg, Eppstein/Ts.

Umschlagzeichnung:
Friedrich Hartmann, Stuttgart

CIP-Titelaufnahme der Deutschen Bibliothek:

Scharll, Martha:
Fußgymnastik mit Kindern / Martha Scharll. Geleitw. von Georg Hohmann. – 16. Aufl. – Stuttgart: TRIAS – Thieme Hippokrates Enke, 1990

Satz und Druck: Gulde-Druck GmbH, D-7400 Tübingen
(Linotype System 4 [300 Linotronic])

ISBN 3-89373-107-5 4 5 6

Das Büchlein von Martha Scharll über »Fußgymnastik mit Kindern« möchte ich besonders willkommen heißen. Neben vielen Anleitungen nimmt es eine eigene selbständige Stellung ein. So kann das Büchlein von Martha Scharll durchaus seine Eigenart behaupten. Zunächst greift es aus dem größeren Komplex der Aufgaben der Krankengymnastik bewußt die Übungen für die Kinder heraus. Und weiter zeigt die Verfasserin uns in ganz vorzüglichen Abbildungen eine große Zahl von einfachen dem Kinde angepaßten Übungen, wobei ihr pädagogisches Talent, das sich in ihrer Tätigkeit als frühere Lehrerin der Krankengymnastik an der Orthopädischen Universitäts-Poliklinik in München trefflich bewährt hat, in besonders glücklicher Weise zur Geltung kommt. Der die Bilder begleitende Texte ist kurz, eindrucksvoll, klar verständlich; die ausgezeichneten Bilder sind so, daß jede Mutter die Übungen danach alsbald ausführen kann. Dazu überraschen diese durch originelle Einfälle und Abwechslung, so daß es ein Vergnügen ist, die Bilder mit den schlagenden Begleitworten anzusehen. Ich bin überzeugt, das Büchlein wird sehr beachtet werden und viel Gutes wirken. Ich wünsche ihm eine gute Fahrt.

Prof. Dr. Dr. med. G. Hohmann

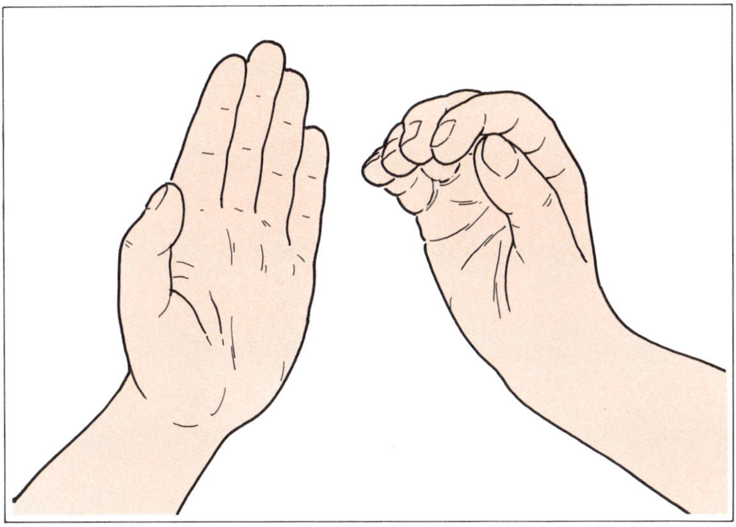

Die Handfläche vertieft sich zur Höhlung,
wenn die **Finger** kräftig zufassen.

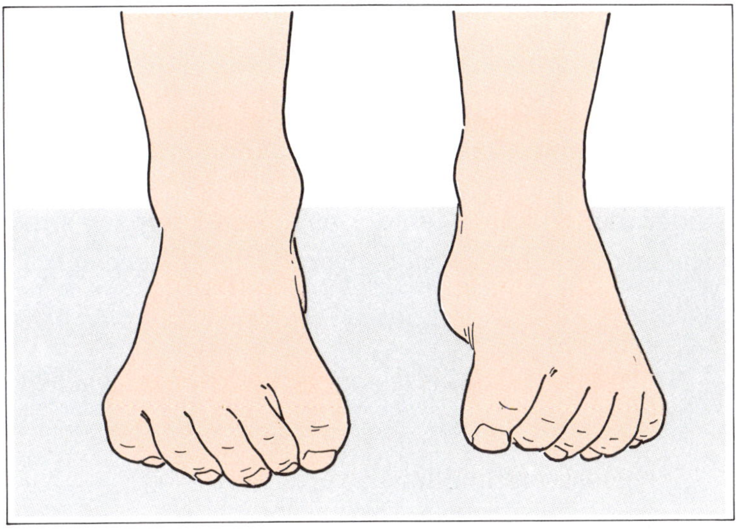

Führen die **Zehen** eine Art Greiftätigkeit aus,
so verkürzen sich die Sohlenmuskeln und spannen
dadurch das Fußgewölbe.

Geht man barfuß auf natürlichem Boden, so greifen sich Fußsohle und Zehen ganz von selbst an den Unebenheiten fest.

Aber sowohl auf künstlich geglätteter, harter Gehfläche als auch in Strumpf und Schuh entfällt leider diese gesunde Arbeit der Greifmuskeln.

Also treten diese bei unsern Kindern kaum mehr in Aktion und erschlaffen schon früh durch fortwährende Untätigkeit. Als Folge davon verliert auch das Fußgewölbe seine normale Spannung, die notwendig ist, um dem Fuß die gesunde Form zu erhalten.

Regelmäßige Übung

sollte deshalb die mangelnde Funktion ersetzen, um etwa beginnende Fehlentwicklung zu stoppen und späteren Schäden vorzubeugen.

Eine Viertelstunde des Tages genügt

In diesen alltäglichen fünfzehn Minuten sollten unsere Kinder die im Folgenden dargestellten Übungen zunächst erlernen und dann regelmäßig sorgfältig wiederholen, und zwar solange, bis ihnen

Fußgymnastik als fester Bestandteil der täglichen Körperpflege

selbstverständlich geworden ist.

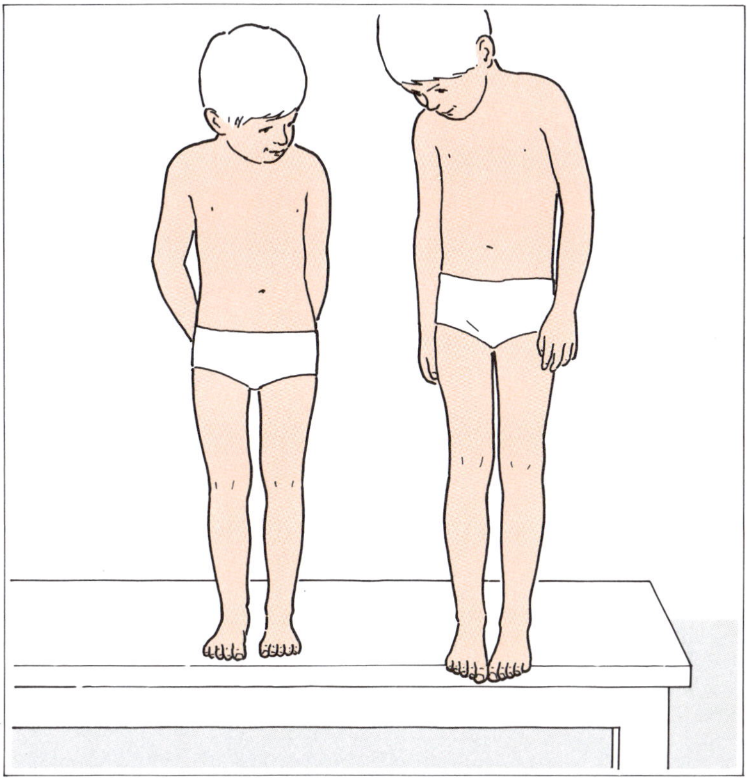

links:

Alle Zehen krümmen sich wie Krallen und bleiben doch mit ihren Kuppen am Boden.

rechts:

Alle Zehen halten sich an einer Kante fest.

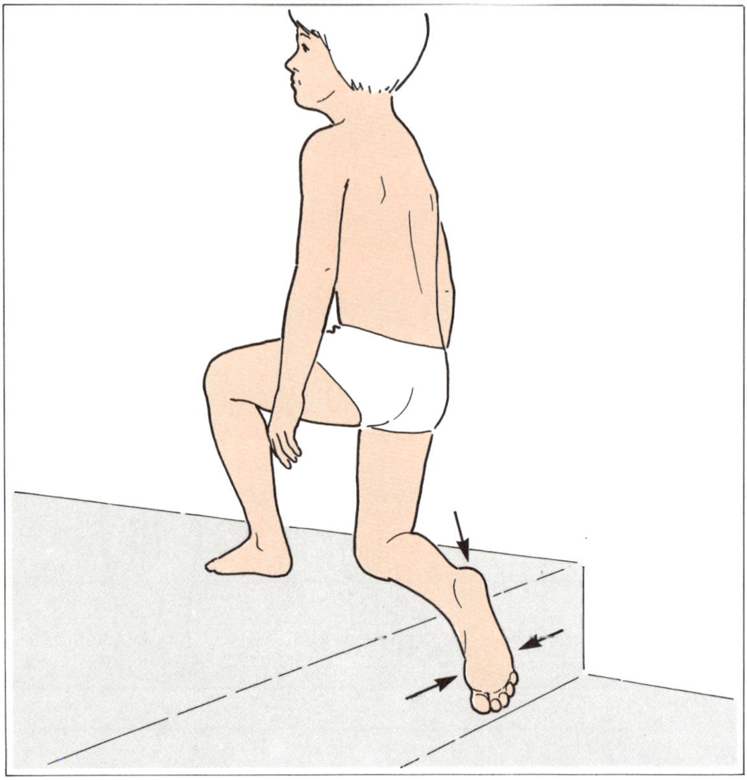

Sollen die Füße beim Stehen und Gehen richtig belastet sein, so müssen immer

die Ferse, der Außenrand, der Kleinzehen- und der Großzehenballen

am Boden aufsetzen, wobei der Großzehenballen besonders wichtig ist.

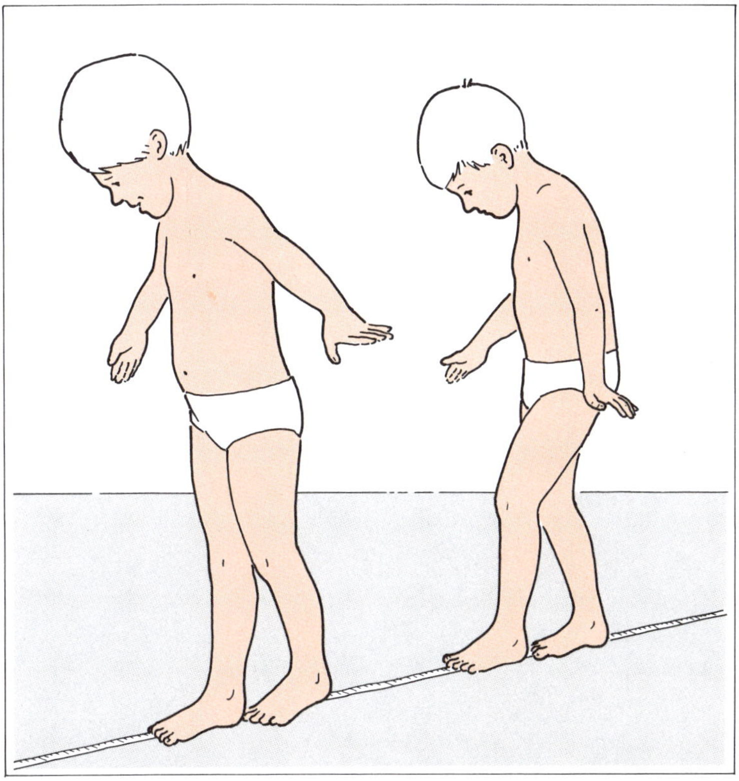

Wir setzen fortlaufend einen Fuß dicht vor den anderen auf eine Linie und zwar immer zuerst die Fersenmitte, dann die dritte Zehe.

So kann kein Fuß nach innen knicken und wir lernen auch, daß er beim Gehen abrollen soll.

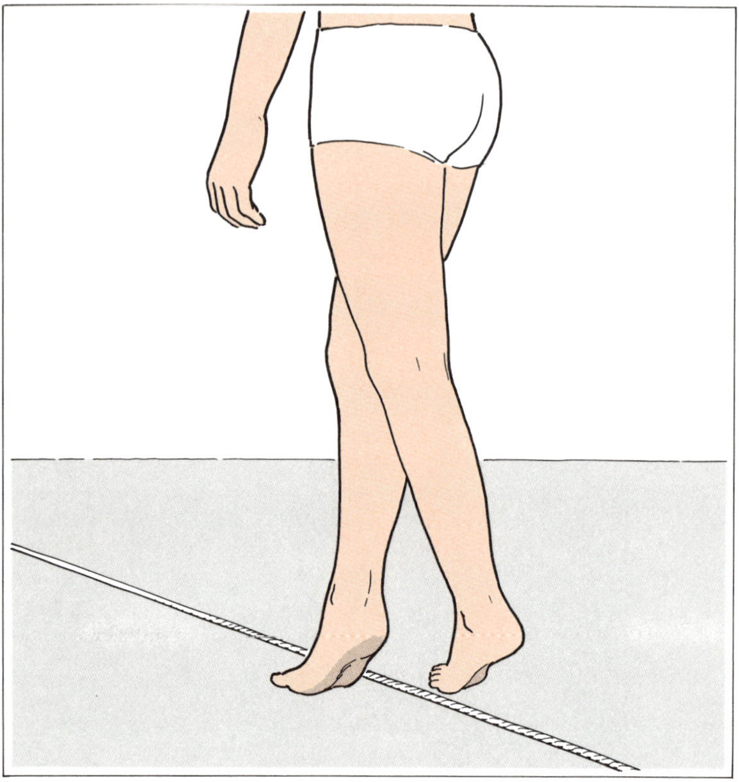

Strecken wir uns auf die Vorfüße und überkreuzen dann fortlaufend unsere Linie!

So trainieren wir mit den kurzen Fuß- auch die langen Beinmuskeln.

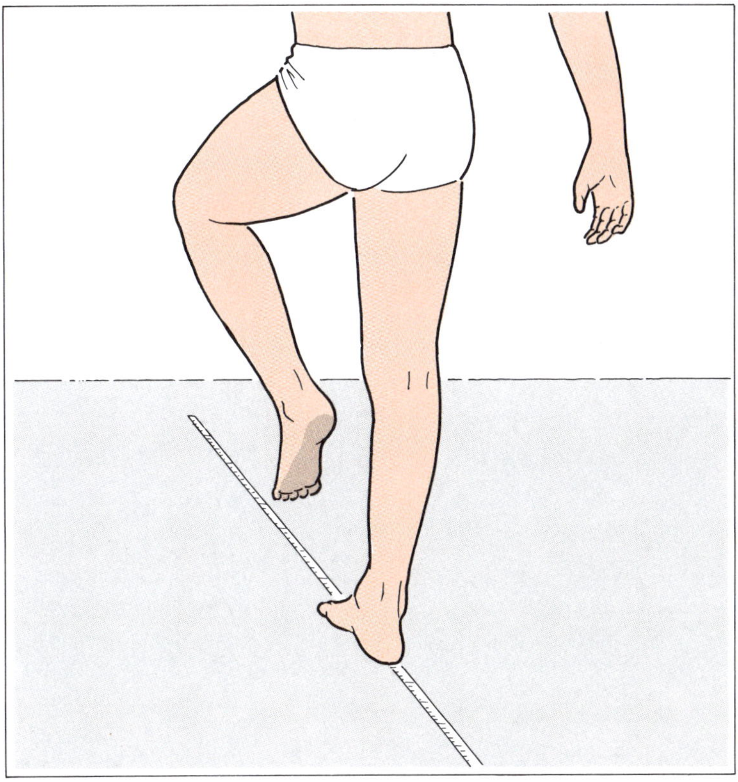

Wenn man so »schmalspurig« auf der Linie langsame »Storchschritte« macht und sich im Gleichgewicht halten will, so müssen wieder alle Fuß- und Beinmuskeln kräftig arbeiten.

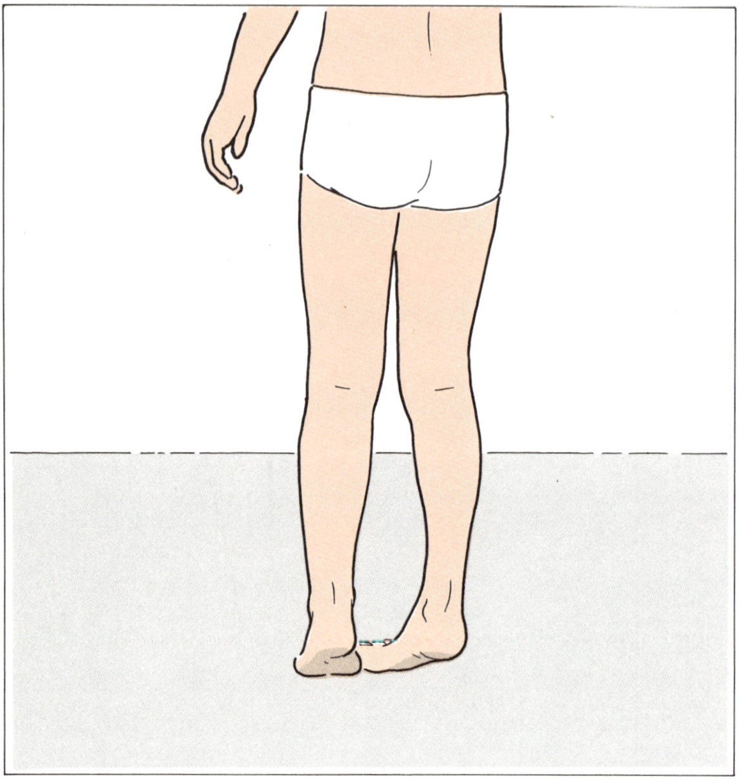

Großzehen dicht nebeneinanderstellen, Vorfüße fest belasten.

Rückfüße – handbreit geöffnet – aufstellen, dann heben und die Fersen ein wenig zueinanderdrehen.

So korrigiert man die Füße. Macht man in dieser Haltung einige Schritte, so ist das wertvoll.

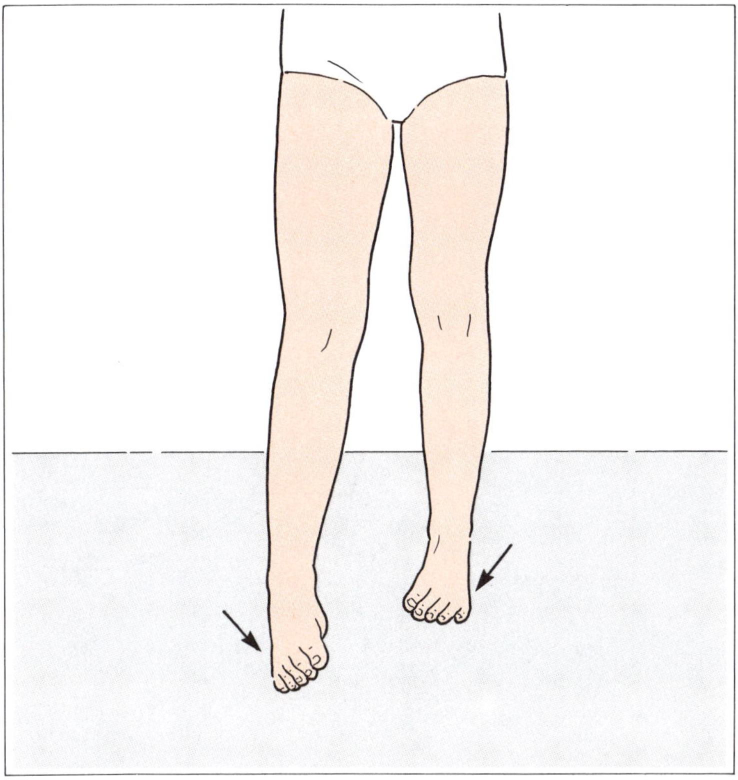

Aber auf diese Weise Schritte zu machen, ist falsch.

Geht man nur auf den Außenkanten der Füße, so sind die Sohlenmuskeln untätig, und: Eine Belastungsübung, die den Großzehenballen, den wichtigsten Auftrittspunkt, ausschaltet, kann nicht nutzen, sie schadet eher.

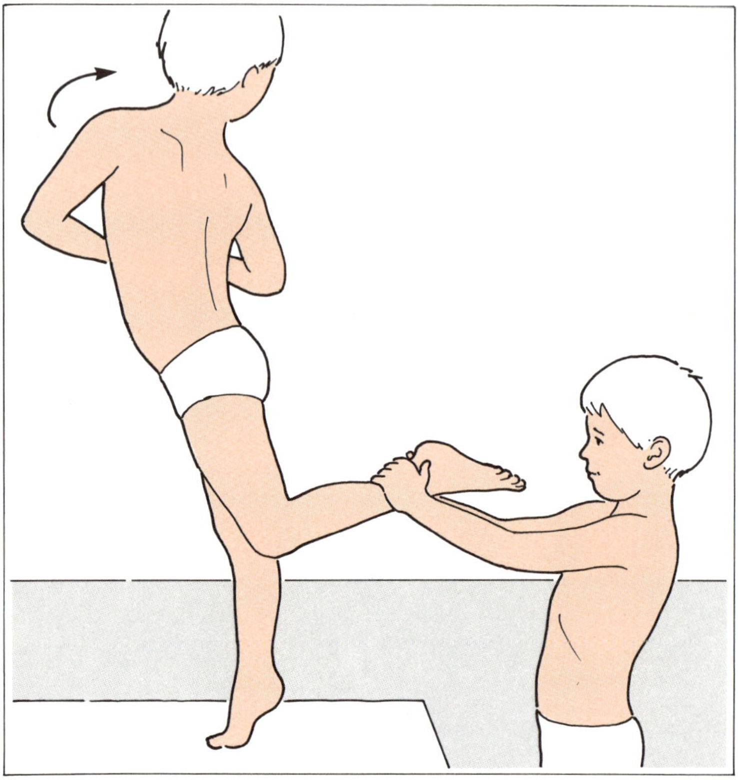

Freier Stand auf einem Vorfuß und gleichzeitig Rumpfdrehen nach der Standbeinseite!

Diese Übung gelingt wahrscheinlich erst nach einigem Training, formt dann aber Fuß und Bein ausgezeichnet.

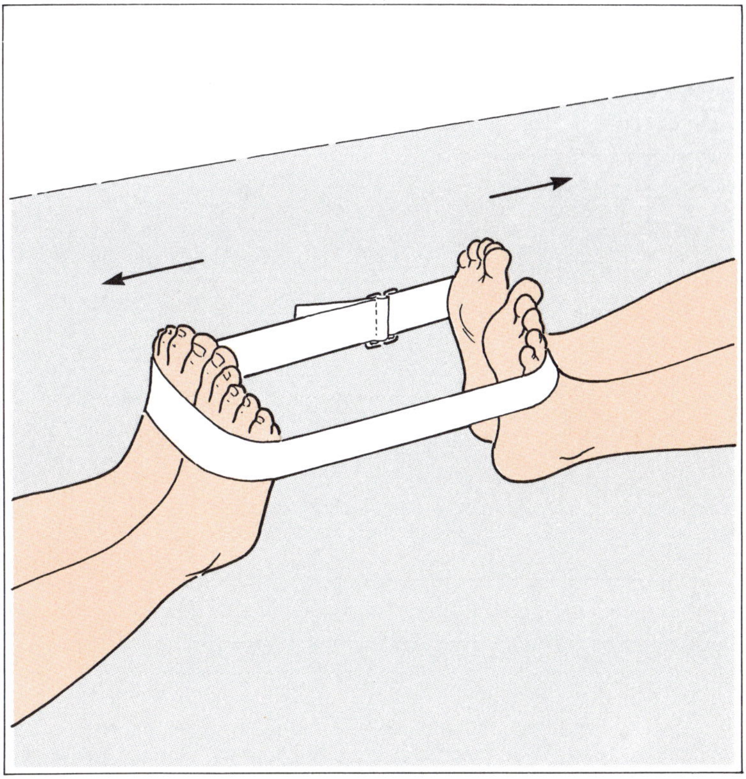

Jeder Partner arbeitet hier im Sinne des Aufbiegens, muß dabei aber alle Zehen in eine Linie bringen.

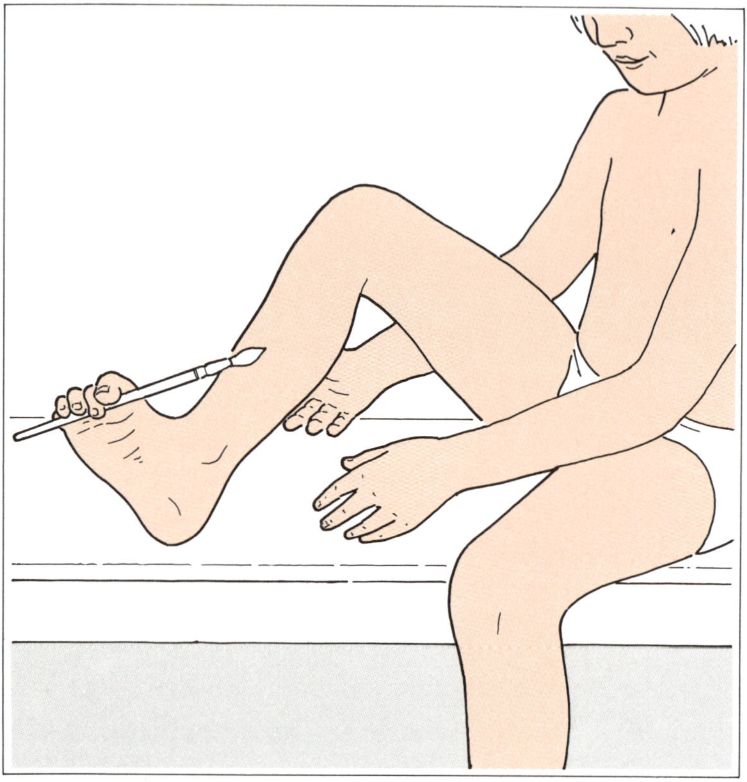

In der gezeigten Haltung den Fuß auf die Außenkante legen. Zunächst fassen alle Zehen den Stift. Mit diesem soll sich dann der Fuß über der festliegenden Ferse ein wenig aufdrehen.

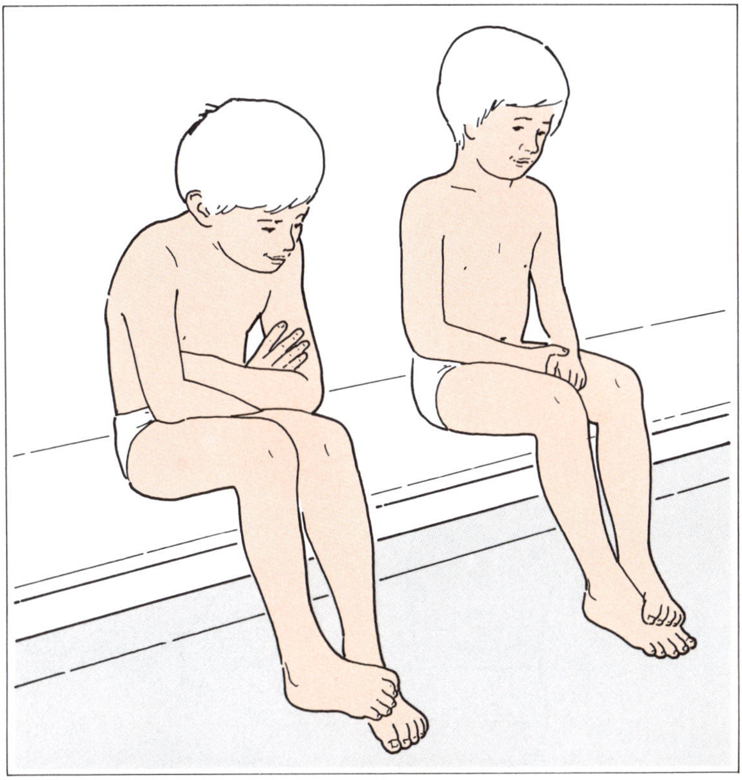

Während beide Fersen – wie man sieht – zunächst fest stehen bleiben, setzen sich alle fünf Zehen des einen Fußes mit ihren Kuppen auf den Rist des anderen. Dort müssen sie bleiben und dürfen nicht abrutschen, auch wenn man dann beide Rückfüße ein paarmal hebt und senkt.

Wollen wir mit den Händen einen Ball halten,
werfen oder fangen, dann machen wir das . . .

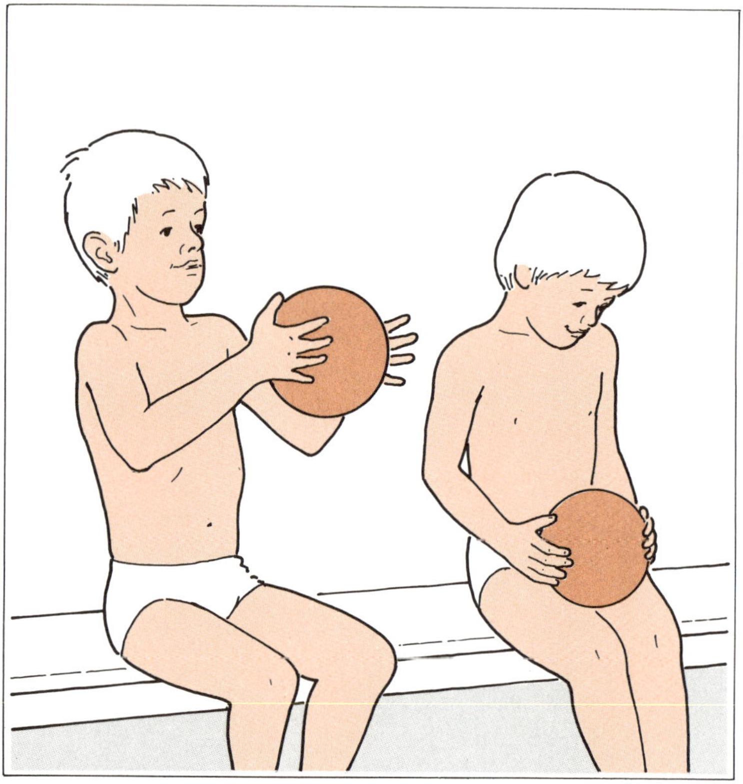

nicht so,
mit steifen Fingern,

sondern so,
den Ball weich umfaßt.

Auch die Füße können mit dem Ball spielen, das sieht dann so aus:

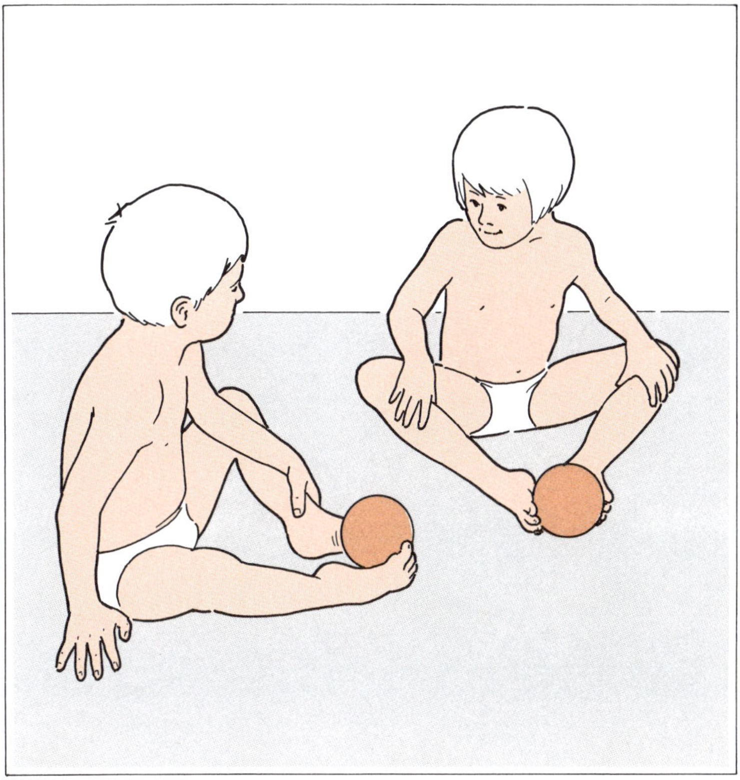

Erst muß man lernen, den Ball richtig zu fassen. Dabei sitzen wir wie das Bild es zeigt. Die Rückfüße bleiben fest liegen, alle Zehen greifen zu wie die Finger, und die großen Zehen sind so wichtig wie die Daumen.

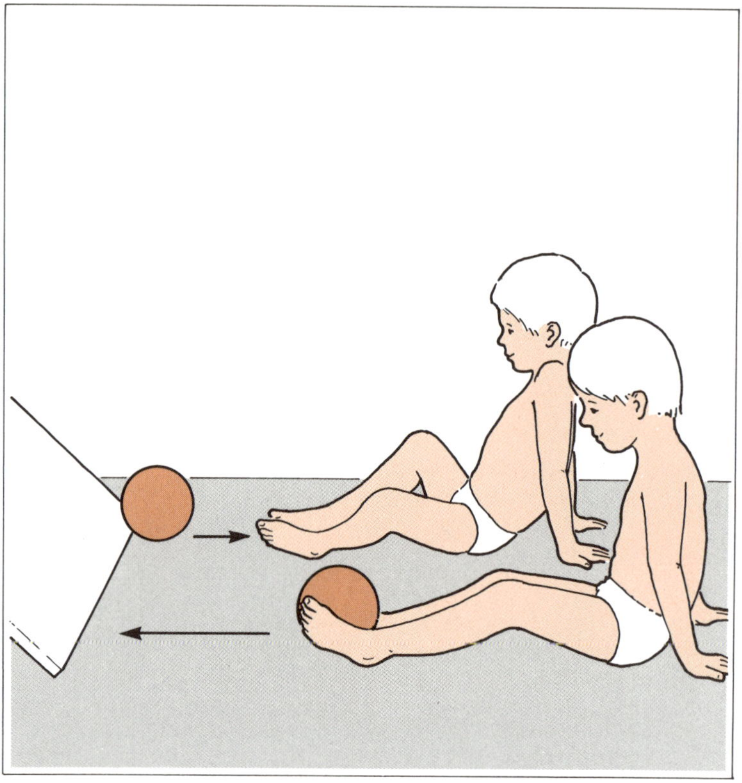

Julia wird ihrem Ball gleich einen kräftigen Schubs geben, daß er zu der schrägen Wand hin rollt. Von dieser kommt er selbständig zurück.

Sebastian wartet gerade auf seinen Ball – und – schnapp mit den Füßen! Dann hat er ihn wieder.

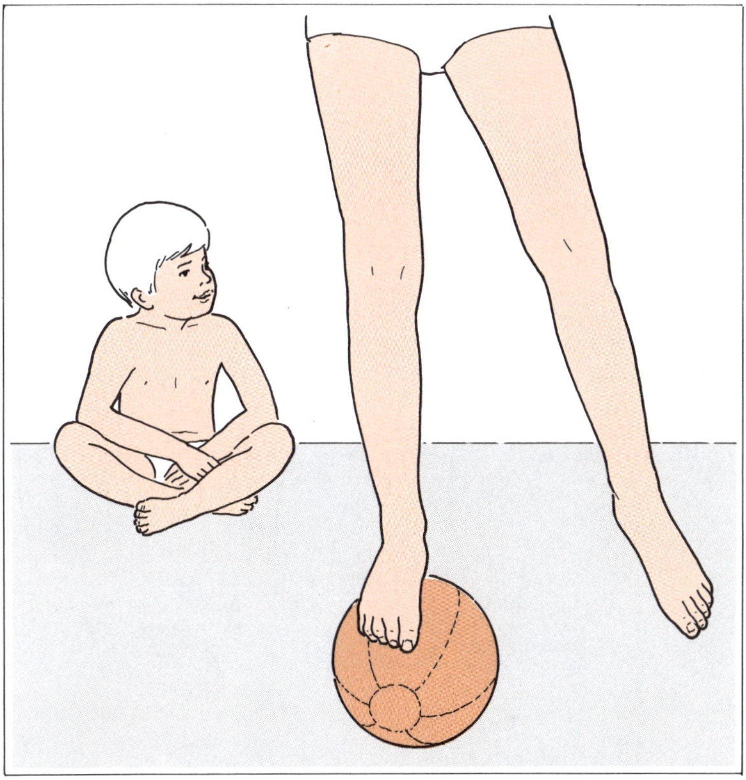

Nur dann, wenn wie hier auf dem Bild, alle Fuß- und Beinmuskeln tüchtig arbeiten, bleibt der Vollball so ruhig liegen, daß man sich auf ihm halten kann.

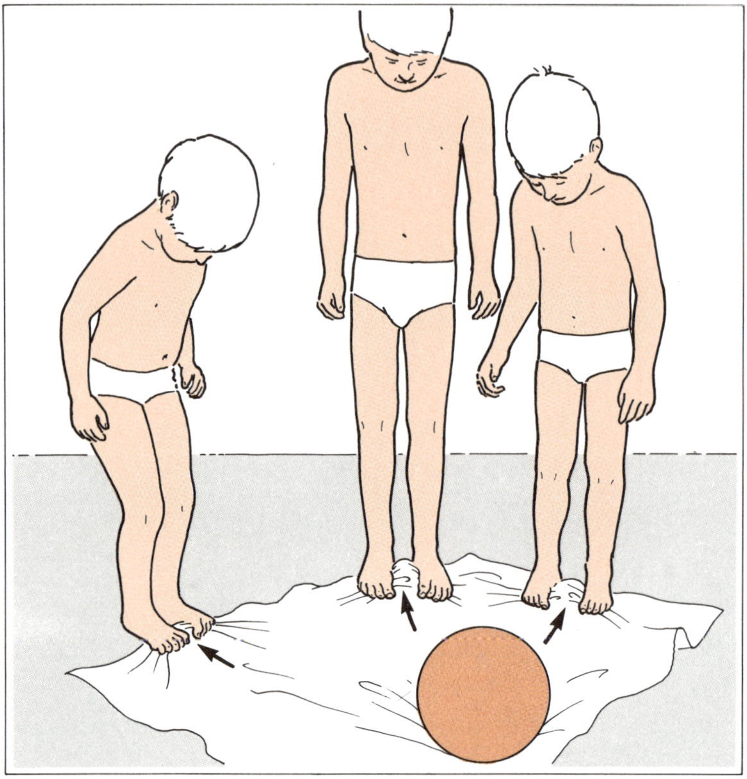

Ein Tuch

Das Tuch **allein** in Falten zu ziehen geht leicht.

Schwerer wird es, wenn ein **dicker** Vollball auf ihm liegt. Dann müssen erst recht – allen voran – die großen Zehen arbeiten.

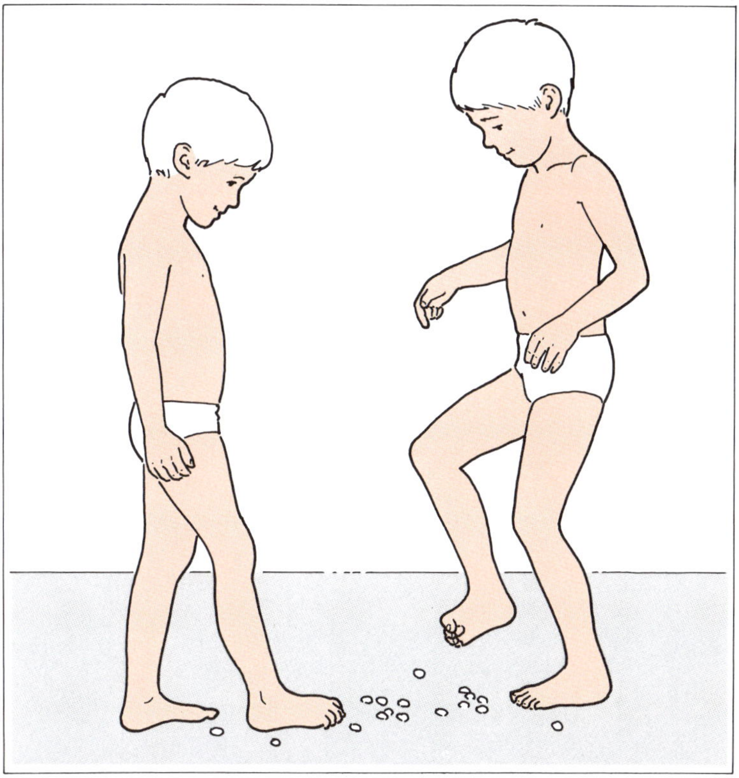

Viele Steinchen oder Korkschnitze

Jedes Kind muß sich aus dem Häufchen möglichst viel herausholen und dabei alle Zehen gebrauchen.

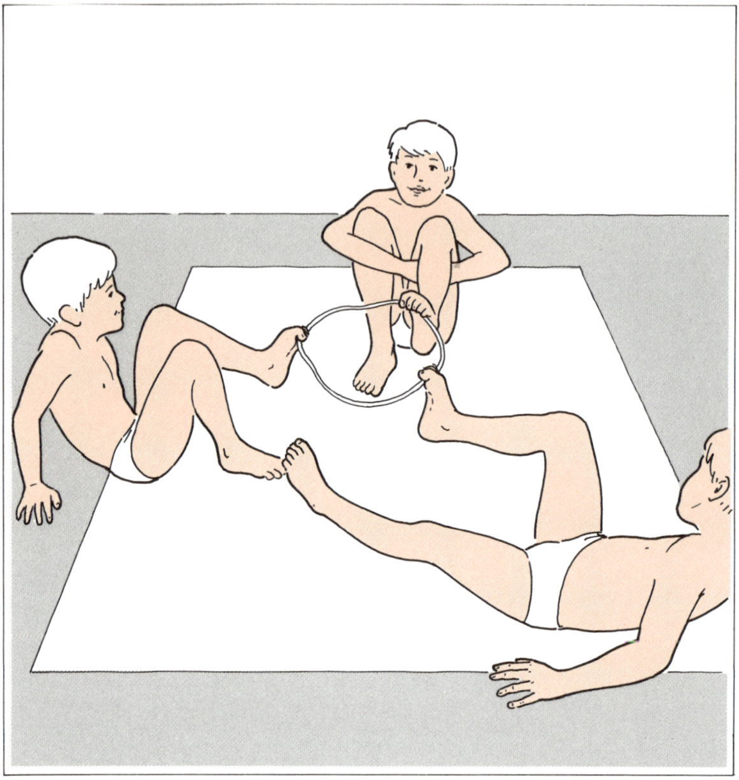

Nun das Seil

Jeder faßt es mit allen Zehen eines Fußes, besonders mit der großen und dann – weg mit ihm vom Boden!

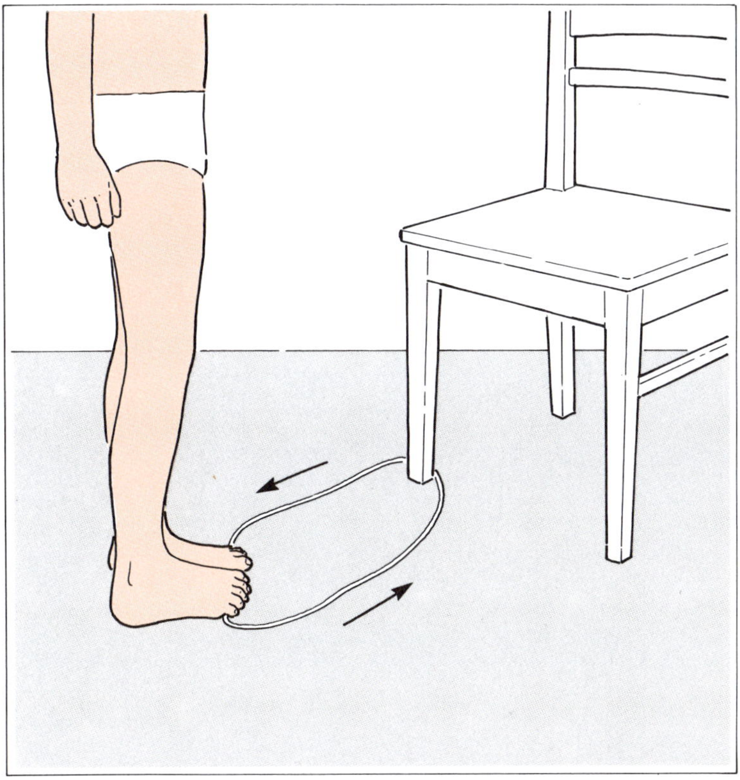

Seil immer weiter schieben, rund um das Stuhlbein, aber die Füße am Platz stehen lassen.

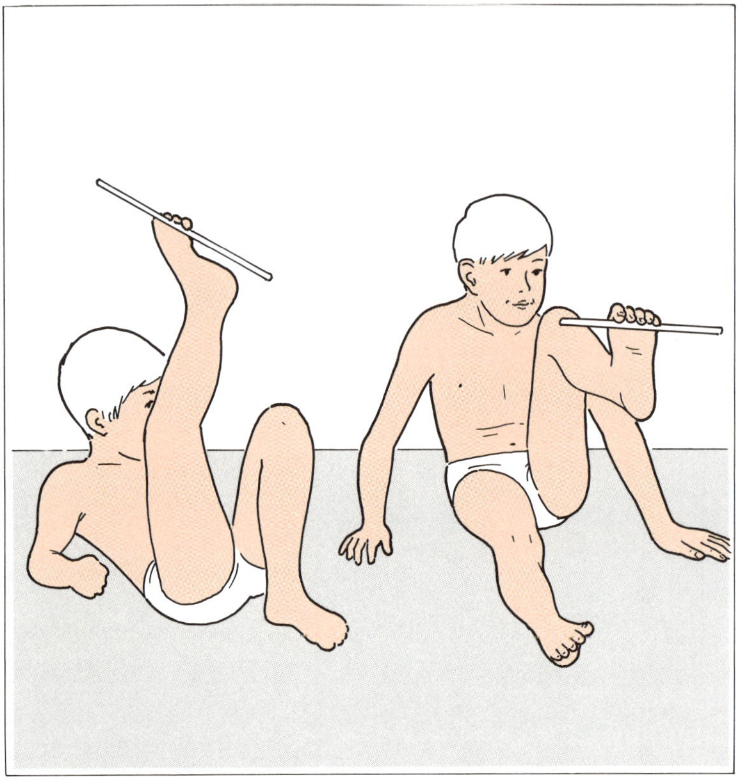

Das Stöckchen

Wer kann es am längsten in der Luft halten und zwar möglichst waagrecht?

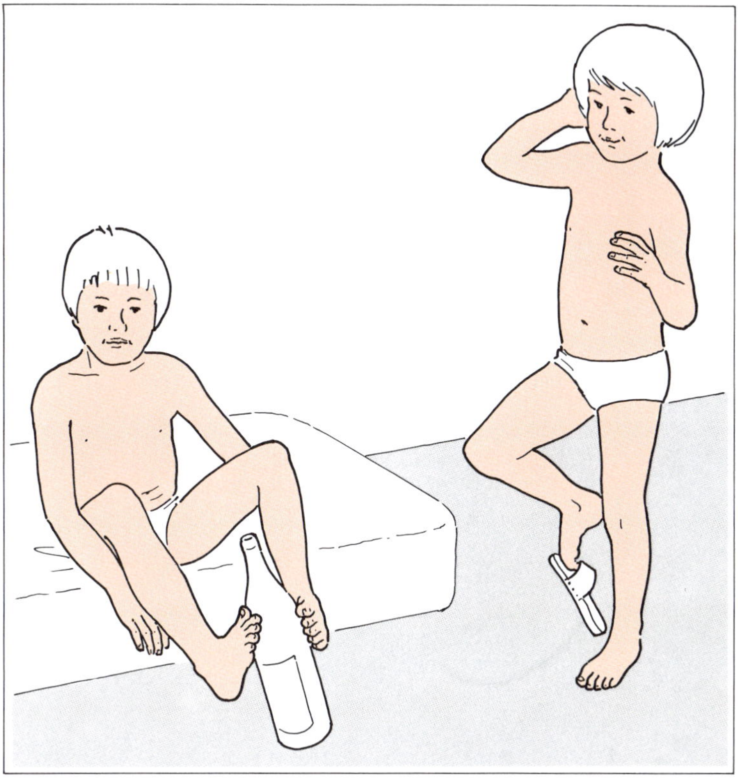

Sogar der Schuh, der aufgehoben und die Flasche, die zum Wackeln gebracht wird, können dazu dienen, auf vielfältige und vergnügliche Weise alle die Muskeln zu üben, die besonders wichtig sind, um unsere Füße gesund zu erhalten.

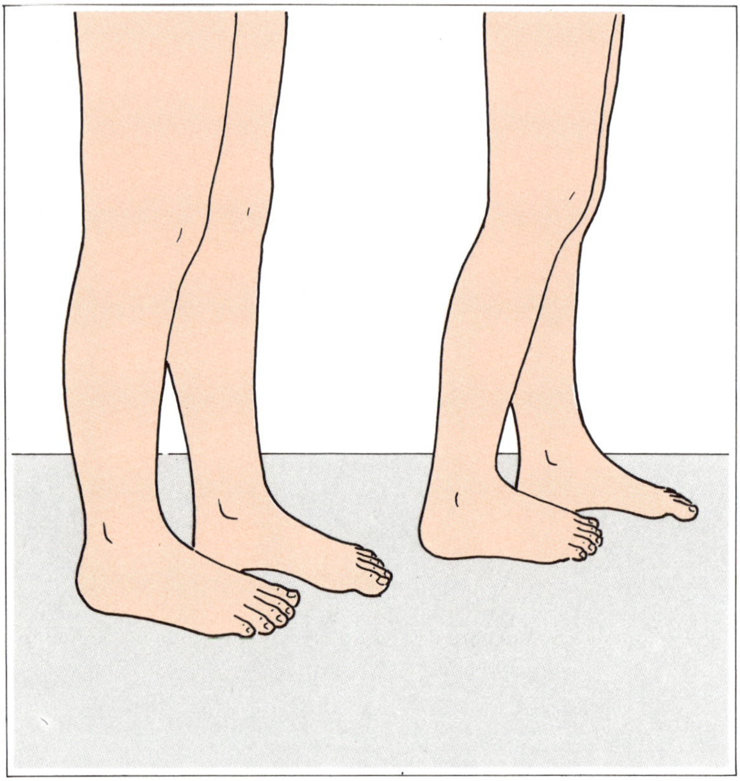

sollte nun das Kind erlernt haben und fähig sein, seine Füße richtig aufzusetzen. Das muß dann wie oben aussehen

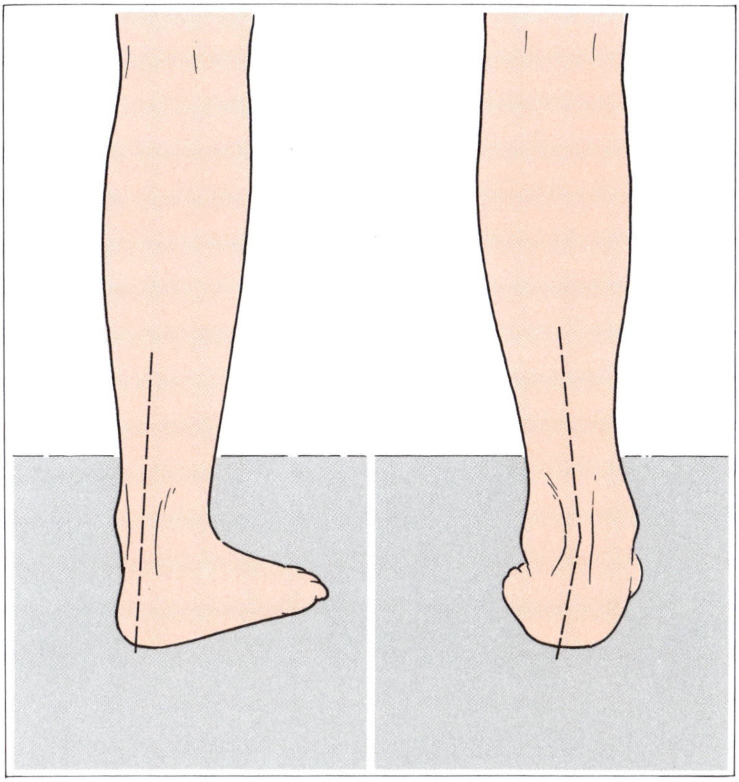

... oder aus anderer Sicht:

so wie bei diesem rechten Fuß
und nicht so wie bei diesem linken

Das Endziel erreichen wir schließlich, wenn die Verbesserung nicht allein auf die Zeit des bewußten Übens beschränkt bleibt, sondern für das Stehen und Gehen im Alltag Gewohnheit wird.